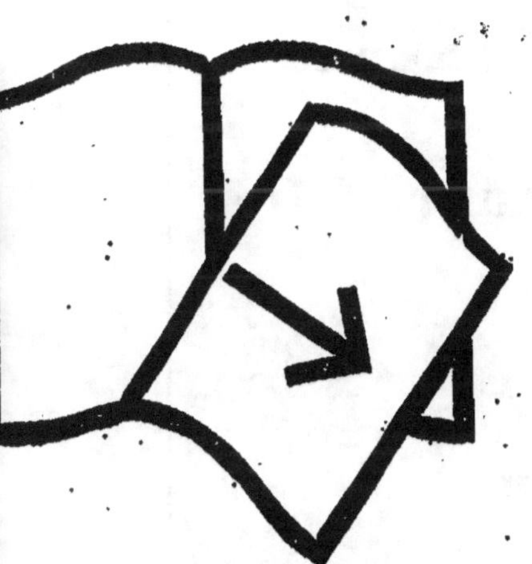

Couverture inférieure manquante

ORIGINAL EN COULEUR
NF Z 43-120-8

LA
COALITION

ET LE

MINISTÈRE

Par Émile BARRAULT.

Prix : 1 Fr. 25 Cent.

PARIS

DESESSART, ÉDITEUR,

RUE DES BEAUX-ARTS, Nᵒ 15.

—

1839

LA COALITION ET LE MINISTÈRE.

Paris, 24 février 1839.

A Dieu ne plaise que nous nous proposions de reproduire les débats de la coalition et du ministère! Tout en abonde; d'ailleurs les colléges électoraux sont à la veille de prononcer sur la compétition des deux quasi-majorités. Mieux vaudrait nous taire que de succomber à la tentation du pléonasme et d'entrer dans une polémique touchant à son terme.

Mais peut-être, simple spectateur que nous sommes, avons-nous eu le loisir de considérer des faits qui échappent aux yeux des champions engagés dans la lice; peut-être même l'importance de ces faits est-elle assez indépendante du résultat de la lutte pour qu'il convienne de les rappeler aux vainqueurs, quelle que soit leur bannière. Nous n'ignorons pas qu'on se fait mal écouter de la mêlée lorsqu'on néglige de monter en croupe de l'une des opinions belligérantes et d'en arborer la couleur. Pourtant, par le temps qui court, est-il des positions si immuables ou si régulièrement tranchées qu'il y ait défaveur pour quiconque ne s'enrôle pas dans un parti? Prissions-nous la qualité de coalitionnaire, notre nom n'en resterait pas moins affecté de cinq points d'interrogation, et nous pourrions nous proclamer ministériel sans trahir notre incognito, grâce à la triple nuance dont ce titre est susceptible. Notre profession de foi, en tant qu'elle intéresse les lecteurs, est tout entière dans ce que nous allons écrire, et nous n'entendons nous recommander que de notre sincère amour du pays.

Ce qui, selon nous, ressort le plus sérieusement de la crise actuelle, ce qui la domine comme principe et comme fin, ce qui en est

l'alpha et l'oméga, c'est la nécessité de Gou-
VERNER.

Expliquons-nous.

Après les journées de juillet, gouverner, c'était faire avorter la nouvelle révolution de la propagande européenne et terrasser l'émeute, sœur jumelle de la guerre étrangère; c'était, afin de sauver la paix au dehors et l'ordre au dedans, réprimer, comprimer, intimider. L'amnistie et la conciliation marquèrent la seconde phase du Gouvernement issu des barricades. Dès lors le pouvoir aurait dû se montrer aussi actif, aussi habile à développer qu'il l'avait été à contenir, à interroger les besoins nationaux qu'à étouffer les instincts belliqueux et révolutionnaires, à féconder les destinées du pays qu'à extirper de fatales velléités. Que cela fût facile, nous ne le prétendons point; mais, faute d'avoir pris une vigoureuse initiative, pour s'être prélassé dans la tranquillité publique, le ministère n'a pu conjurer un orage enfanté par le calme plat des affaires.

C'est une condition inévitable pour le pouvoir; dès que ses fonctions paraissent s'accomplir languissamment, on disserte, bientôt la validité de ses ressorts et la légalité de ses procédés deviennent de menaçantes questions. Comme pre-

miers symptômes de cette disposition se produi-
sirent, durant les vacances législatives, les
pétitions de la réforme électorale et les discussions des sévères casuistes du dogme parlementaire. Aujourd'hui le champ de bataille est
sur le terrain de la théorie gouvernementale;
rien n'indique plus clairement l'inertie de ce
qui régit et ne démontre mieux la nécessité de
gouverner.

Oui, c'est cette nécessité qui fait la gravité
véritable de la situation, gravité bien autrement
sérieuse que celle qui se trouve sur l'affiche!
C'est à cette nécessité que devra désormais sa-
tisfaire tout cabinet, le ministère Molé s'il reçoit
des électeurs un brevet de longévité, un ministère nouveau si la coalition porte fruit au milieu
des caresses de l'élection, tout cabinet enfin,
que du trône ou des Chambres ou de lui-même
émane le souffle de l'inspiration! Quel qu'il soit,
qu'il ne se confie pas dans la majorité repré-
sentative et ne se croie pas suffisant pour être
conforme à l'orthodoxie constitutionnelle! L'expérience atteste que, sous le ciel le plus serein,
les majorités se déplacent et les chances tour-
nent soudainement contre tout pouvoir qui ne
remplit pas l'impérieuse condition de son es-
sence!

Sans doute il est commode de flétrir dans la coalition un accident éphémère, étrange, immoral, et de n'y voir que l'impatiente convoitise dequelques ambitions quise font faire la courte-échelle par les Encélades avérés de l'ordre établi. On hausse les épaules en mépris des autres et l'on se frotte les mains en contentement de soi-même ; seulement, en calomniant les hommes, on s'expose à méconnaître les signes des temps.

Gardons le silence sur la gauche républicaine et la droite légitimiste. C'est précisément parce qu'il n'y a aucun doute sur la sincérité de leur opposition que le parti ministériel crie à la trahison des hommes qui placent leurs corps d'armée entre ces deux ailes et se refuse à tirer d'eux aucun enseignement utile. Nous tâcherons d'être plus impartial.

Voyons d'abord le parti doctrinaire et M. Guizot.

S'il est un nom qui ait surpris dans les rangs de la coalition, c'est celui de M. Guizot. Lui, devenu l'adversaire du pouvoir dont il avait été un intrépide soutien et l'allié des ennemis notoires du gouvernement de juillet! Pour les gens qui ne voient que les faits, il rompt avec ses antécédents ; pour ceux qui s'attachent au lien secret des idées, il est très conséquent. C'est le parti doctrinaire qui, sous la Restauration, contribua à l'implantation du système parlementaire au milieu des traditions vivaces de l'ancien régime ; depuis 1830, c'est lui qui contribua à étayer la royauté constitutionnelle pressée par la république et par la contre-révolution. Mais tout s'enchaîne ; l'autorité royale, consolidée et dépassant même les limites de ses attributions, retrouve un vigilant pédagogue dans ce même parti qui invoque la maxime fondamentale du système : *Le roi règne et ne gouverne pas.* Or, M. Guizot est bien plus l'homme d'un parti que du pouvoir en lui-même ; son dévouement appartient moins aux personnes qu'aux idées ; il n'est pas le Strafford d'un roi, il serait au besoin celui d'une doctrine politique. Aussi conçoit-on sa hautaine indignation lorsqu'il s'entend accuser de ne faire la guerre que pour ressaisir un portefeuille ; sa guerre, à lui, est au sceptre royal qu'il croit voir hors de sa place, pesant du bout dans chaque portefeuille ministériel et détruisant l'équilibre des pouvoirs. Ce qu'il poursuit consciencieusement, c'est la vérité du gouvernement représentatif.

Hélas ! messieurs les ministres, comment

avez-vous donc gouverné qu'un homme tel que M. Guizot, après avoir si habilement traversé les affaires, en soit réduit à se complaire dans de pures théories? qu'il doive condamner sa haute intelligence à extraire un remède des mystères d'une savante pondération, et son respect éprouvé de l'ordre à s'aligner, en frissonnant jusqu'au bout du coude, avec l'anarchie, au demi-jour d'une popularité qu'il ne cherchait point? En présence d'un tel spectacle, ne vous siérait-il pas de faire à l'expression soutenue de votre infaillibilité l'amendement d'un *mea culpâ?*

Continuons et passons au centre gauche, rallié sous les brillantes enseignes de M. Thiers.

L'audace, la mobilité, la légèreté trop généralement attribuées à l'ex-président du 22 février le feraient-elles envisager comme peu scrupuleux sur les moyens de repaître son ambition ou même sa fantaisie? Tout en admettant chez lui un besoin irrésistible de manier les intérêts publics, encore faudrait-il lui reconnaître le mérite d'un sacrifice éclatant à ses convictions et ne pas lui refuser l'art de choisir le moment propice à ses vues. Pourquoi le ministère lui a-t-il fait la partie aussi belle? Homme d'affaires, homme actif, homme pratique, M. Thiers, sans avoir peut-être aucun système sur la direction à suivre intérieurement, a très bien vu qu'on marquait le pas; il attaque. A l'extérieur, il a très bien vu qu'on avait hâte d'en finir avec toutes les questions et de faire que la France, repliée dans une sorte de quiétude, dans une humiliante neutralité, fût prête à répondre sur le qui-vive d'un chacun : *Ami de tout le monde*; la France qui, selon lui, doit choisir ses amis et ses ennemis, la France qui, après avoir éteint ses discordes sur la place publique, lui semble pouvoir impunément laisser rayonner son influence au-delà de ses frontières! et il attaque encore. Nous n'avons point à examiner l'apropos d'une intervention en Espagne; supposons même le plan impraticable; toujours est-il que M. Thiers a senti dans tout ce qui se passait quelque chose d'indécis, de terne, de traînant, contre quoi son activité proteste en revêtant les formules comminatoires de la théorie parlementaire. Certes, il serait plus sage de discerner le sens de ses attaques que de leur prêter la signification la plus défavorable et que de ravaler un serviteur adroit et courageux de la monarchie, en le traitant comme une sorte de Figaro de la dynastie de juillet prétendant avoir plus d'esprit que ses maîtres et voulant tout brouiller pour remettre en valeur son plan et ses bons espagnols!

Reste la gauche dynastique, M. Odilon-Barrot en tête, sur laquelle ont pivoté le centre droit et le centre gauche.

Après avoir conduit la Restauration hors de France, M. Odilon-Barrot s'est donné la tâche d'en empêcher le retour dans l'esprit de la révolution de juillet. Pour en bannir jusqu'à l'ombre, il aurait au besoin, son écharpe en poche, présidé à une émeute populaire. Qu'on se garde de nier les éminents services de l'opposition dynastique et de son chef! C'est en eux que le sentiment de la dignité nationale a trouvé d'éloquents interprètes, au milieu de tant de concessions obligées au maintien de la paix; c'est par eux que le pouvoir, en travaillant à se raffermir, a été averti de l'excès de ses mesures de répression. S'il peut sembler que ce parti a manqué du sens gouvernemental et de la conscience des nécessités du jour, il n'est pas sans utilité que des esprits austères, trop peu souples pour s'ajuster aux expédients de la pratique, trop amoureux de leur idéal pour se contenter de l'à-peu-près dans la réalité, rappellent les vieux engagements par une fidélité incorruptible à leur programme. M. Odilon-Barrot, c'est l'Hôtel-de-Ville en permanence; c'est le drapeau des trois journées floſſant avec une persévérante solennité. Tel il fut contre Casimir Périer, contre MM. Guizot et Thiers, tel il est contre M. Molé.

Serait-ce la continuité accoutumée de son *veto* qui rendrait le ministère sourd à l'articulation de son dernier non, en dépit même des échos qui répondirent en chœur? Prenez-y garde! tant que le Gouvernement eut une mission active, efficace, utile, la protestation de la gauche fut impuissante : n'est-ce rien que de lui avoir ménagé une éclatante revanche? M. Odilon-Barrot recevant MM. Thiers et Guizot entre ses bras et se posant en Guillaume Tell de cette trinité patriotique; M. Odilon-Barrot retrempant MM. Guizot et Thiers dans la piscine de l'Hôtel-de-Ville et leur donnant à rebaiser la patène toujours chaude de juillet; M. Odilon-Barrot transformant son incapacité gouvernementale en une prévision méritoire et triomphant de son immobilité sur laquelle se replie à cette heure la portion aventurière de la révolution, n'est-ce donc pas une leçon significative? Plutôt que de reprocher au ministère du 11 octobre son alliance avec M. Odilon-Barrot, pourquoi le ministère du 15 avril ne se demande-t-il pas en quoi cette fraternité inattendue est son propre ouvrage?

Donc, à notre avis, il y aurait lieu à dégager du fait de la coalition des considérations sur lesquelles il importe au pouvoir de s'édifier. Souvent les gens ont raison pour les raisons qu'ils ne disent pas, et c'est le sous-entendu qui contient la valeur réelle d'une opinion. Aussi nous attacherons-nous plus au sens virtuel qu'au sens littéral de la polémique que les coalitionnaires ont soulevée entre la prérogative royale et la prérogative parlementaire.

Nous concevons que les républicains, prenant au pied de la lettre le texte de la Charte, réduisent le roi au rôle d'un oisif grassement renté pour figurer entre quatre planches recouvertes de velours; il va sans dire alors que la suppression d'un zéro coûteux est une économie de bon sens. Mais cette rigoureuse interprétation du texte s'explique difficilement chez les partisans de la monarchie; ce que d'autres veulent anéantir, ils l'empêchent de vivre!

Toutefois, éclairée par l'expérience, l'opinion a passé outre. A la faveur de troubles déplorables, la royauté s'émancipa peu à peu de l'omnipotence de la Chambre de juillet; elle se servit de la majorité pour réprimer tout ce qui tendait à compromettre la stabilité des institutions de 1830, et sous la *couronne*, devenue la sauvegarde la plus puissante de l'ordre, des acclamations reconnaissantes et des balles homicides saluèrent un ROI qui gouvernait, qui avait un vouloir, qui payait de sa personne. Ce fut une double imputation de prudence et de fermeté à la nullité officielle du roi; la royauté s'était faite homme. Et voilà qu'aujourd'hui, le pays étant paisible, la portion la plus importante de la Chambre entreprend à son tour de réprimer l'influence royale et de la faire remonter du terre-à-terre du gouvernement dans les hautes régions du règne. L'opinion s'est-elle fourvoyée? a-t-elle fait un pas rétrograde? est-il nécessaire de la ramener dans la soumission au catéchisme représentatif?

Eh! messieurs, connaissez-vous si peu le génie de notre France? Elle laissera écrire dans ses lois, jamais elle n'acceptera que l'homme placé à sa tête ne doive être qu'une statue à gaîne, qu'une idole impassible dans une niche dorée. Que des métaphysiciens rêvent le monarque inviolable, inoffensif, enchâssé dans une majéstueuse incapacité et dominant les orages par la sublimité d'un idiotisme obligatoire (hélas! la nature n'a pas encore produit ce type que décréta leur sagesse); qu'ils voilent leur royauté impuissante d'un système de garanties injurieusement protectrices (l'excès de la défiance libérale touche à l'excès de l'adoration orientale); la France va droit à ce qui occupe le trône. En dépit des fictions solennelles de l'impeccabilité, elle le rend personnellement solidaire du bien ou du mal; toujours elle estimera transparente la responsabilité des ministres et leur dira : Arrière, pour se mettre face à face du chef de l'État, pour le maudire ou pour le bénir avec la vivacité irrésistible de ses affections. Et ce fait de sympathie n'est-il pas de la dignité bien entendue? L'honneur d'une nation consiste-t-il à se glorifier de son chef ou à tolérer au-dessus d'elle une méprisable fainéantise ? sera-t-elle plus fière d'un roi cul-de-jatte que d'un roi qui monte à cheval ? Si la France, à travers tant de brusques transformations, s'est dépouillée d'une prédilection arrêtée pour tel nom ou telle forme d'autorité, elle garde, comme invinciblement inhérents au tempérament national, le besoin d'être gouvernée et le sentiment de la présence réelle du gouvernant dans tous les actes émanés du pouvoir.

Voilà, disons-le hautement, ce qu'il y a d'admirable dans notre belle patrie : c'est qu'elle est à la fois la nation du monde la plus complétement nivelée, la plus sincèrement démocratique, et celle où tout gouvernant, consul, empereur, roi, est le plus facilement adopté. C'est ainsi qu'elle se fait équilibre à elle-même, corrige son anarchie, réfute les calomniateurs qui la proclament ingouvernable, et confond les docteurs qui lui font de l'autorité une figure impersonnelle, un mythe ridicule.

D'où vient donc que la coalition méconnaît les dispositions natives de la France et le progrès d'une partie de l'opinion publique? Se serait-elle alarmée du rêve insensé d'un 18 brumaire en l'honneur de la dynastie de juillet? Ce rêve ne mérite que de la pitié. Si le pouvoir papal lui-même ne gouverna qu'avec des conclaves et des conciles, un pouvoir destitué de l'infaillibilité ne saurait jamais se passer du concours des élus de la nation. Certes, il est possible de souhaiter à la France un chef qui gouverne sans regretter la dictature de Napoléon; même il serait possible de flétrir le mutisme législatif de l'Empire tout en reprochant à la Chambre actuelle ses intempérances de langue et l'abus de la parole.

Encore une fois, d'où vient donc qu'ait surgi si extraordinairement une sorte de Fronde des notabilités parlementaires pour maintenir la royauté constitutionnelle dans une perpétuelle minorité? D'où vient que les chefs de la coalition dynastique aient transformé l'Adresse en sévère admonestation et fustigé le manteau royal sur les épaules du ministère? qu'au nom même de l'inviolabilité du roi ils aient découvert sa personne, que d'autres, selon eux, ne couvraient point assez, et fait planer sur sa tête les souvenirs révolutionnaires de 1830? D'où vient enfin que tout à coup MM. Thiers et Guizot se soient posés, pour l'honneur de leur thèse, en Josué du soleil de juillet, cependant que M. Odilon-Barrot, étendant une main vers la couronne, adjure le pays de concourir à la limiter dans une invasion périlleuse pour elle-même et de venir en aide à ses desseins conservateurs? Terminons cette discussion pleine de susceptibilités rétrogrades, de défiances rancunières, de frayeurs exagérées, de dévouements menaçants et d'insultantes protections. Si la lutte de la prérogative royale et de la prérogative parlementaire a un sens à la fois élevé et pratique, elle n'est pas une interdiction de la royauté; elle signifie: Sire, gouvernez autrement, avec d'autres hommes, avec nous. Electeurs! le roi gouvernera mieux si vous nous envoyez en force pour frapper respectueusement aux portes du cabinet des Tuileries! »

Messieurs les électeurs, nous vous attendons.

Quels que soient, en vertu du résultat des élections, les ministres appelés aux affaires, nous ne nous dissimulons pas les tentations funestes et les nombreux obstacles dont ils seront assaillis. Les uns peuvent vouloir fortifier la prérogative royale et raffermir la dynastie par un ensemble de mesures conservatrices entre lesquelles figureraient la représentation des lois apanagères, le rétablissement de l'hérédité de la pairie, etc., etc. Pour le coup, ils rencontreraient bien vite l'impopularité derrière les clameurs de l'opposition. Les autres peuvent se croire engagés à céder aux stériles exigences de la vieille opposition et risquent de compromettre la tranquillité publique ; d'ailleurs il ne leur sera point aisé peut-être de retrouver dans l'exercice du pouvoir une autorité morale compromise par leurs vivacités parlementaires. Pour tous ministres, quelle que soit leur origine, il n'est qu'un moyen de parer aux difficultés de la position et de faire oublier de précédentes témérités : c'est de prendre de sécondes initiatives avec une intelligence vraie des besoins du pays.

Dieu nous garde de la manie du programme et surtout de la rigueur avec laquelle tout faiseur de prospectus déclare l'Etat perdu si ses plans ne sont adoptés! Qu'il nous soit seulement permis d'émettre quelques réflexions sur notre situation présente.

Depuis 1830, malgré nos perturbations politiques, l'industrie a pris un nouvel essor; en même temps l'importance des intérêts matériels est plus profondément entrée dans l'esprit des publicistes et des hommes d'état; les doctrines du *laisser-faire* et du *laisser-passer*, naguère proclamées avec une admirable sécurité de conscience, ont été détrônées par l'idée de ramener à une loi de prévoyance les travaux de la production et les opérations du commerce; enfin la sollicitude générale s'est émue de toutes les questions relatives au travail et au bien-être du peuple. Ne serait-il pas temps que le pouvoir entrât avec une prudence résolue dans cet ordre de questions? Ce serait déjà beaucoup que de vouloir.

Nous concéderons que la tâche est difficile, délicate, et qu'il convient de ne rien précipiter; est-ce raison de toujours temporiser? Voyons: depuis trois mois, nous entendons chaque jour reparler de la révolution de 1830, et les agresseurs du Gouvernement s'en drapent, s'en éperonnent, en boursouflent leurs prophéties, comme si à leur voix les pavés allaient encore s'émouvoir. Eh! messieurs! la révolution de juillet est-elle uniquement votre ouvrage et n'est-elle qu'à vous? N'est-ce pas le peuple qui vous aida de ses bras à remuer la terre, de ses épaules à enfoncer les portes du Louvre, de son sang à reteindre la nouvelle bannière? Et pour s'être levé, avec un admirable instinct, contre une tentative audacieuse de résurrection de l'ancien régime, ce peuple va-t-il, sur un signe, prendre parti pour vous dans vos interprétations ergoteuses du texte de la Charte? Le tenez-vous donc en laisse pour le lâcher, à votre gré, contre vos adversaires? De grâce, que lui font vos discussions sur la prérogative royale et la prérogative parlementaire, et vos pointilleuses chicanes sur *Le roi règne et ne gouverne pas?* A votre barbe, dans la brutalité de son bon sens, il applaudirait au gouvernement personnel du chef de l'Etat si le chef de l'Etat veillait à l'amélioration de son sort avec une sollicitude paternelle! Mais de savoir qui du roi ou des seigneurs bourgeois de la dynastie nouvelle devra gouverner, il n'a cure; de ces révolutions ministérielles que vous élaborez si savamment, dont vous avez la fièvre, qui vous rendent haletants de crainte et d'espérance, il n'attend rien. Tienne qui pourra la queue de la poêle, que lui importe, si ce n'est à son profit? Et pourtant, puisque la révolution de juillet est l'*ultima ratio* de toutes vos argumentations, messieurs, souvenez-vous que le peuple en était! Pensez donc à lui, pensez à ce qu'exigent son ignorance et sa misère, pensez à ce que réclament sa résignation et ses divines espérances de progrès, et ne l'ajournez pas incessamment, quand vous employez votre temps à tourner dans une discussion creuse, à tripoter de mesquines combinaisons, à faire de l'anarchie ou de la résistance au petit pied, à vous jeter à la tête les vilenies de la corruption et les scandales de l'apostasie!

Quant à l'extérieur, il importe de ne pas oublier que ce qu'il y eut, dans les débats de l'Adresse, de plus saisissant et de plus général, ce fut la réaction contre un système de politique pusillanime en face des forts, fanfaronne vis-à-vis des faibles, indécise dans ses tendances; réaction à laquelle la Chambre entière a plus ou moins participé. C'est l'indication nette d'une modification dans notre allure européenne.

La France, au sortir des barricades, épouvanta et fut épouvantée. Certes, ce fut de sa part un acte de modération de contenir le ferment libéral brûlant de s'épandre, et de choisir entre

les conséquences extérieures de son mouve-
ment celles qu'elle pouvait adopter avec le
moins de risque pour elle-même et pour l'Europe. Certes, faire accepter sa révolution et sa
dynastie sans tirer un coup de canon, prévenir
une conflagration universelle qui n'aurait ré-
solu aucune question et aurait tout remis en
péril, ce fut de la sagesse; honneur à elle pour
pour avoir sauvé la paix du monde! Mais elle
n'ignore pas ce qu'il en coûta à sa dignité, et
elle éprouve le noble besoin de reprendre son
rang parmi les nations. Il nous semble, à nous,
que la France peut être assez forte pour n'avoir
point à subir les conditions de ses amis et pour
rendre son alliance désirable à ses ennemis.
C'est à elle qu'il appartient d'intervenir dans les
démêlés dont la diplomatie est grosse, et de
jeter encore le poids de son nom dans les balances de l'équilibre européen, équilibre qui
à cette heure tend à embrasser tout le vieux
continent. L'humilité passive à laquelle sem-
blent s'habituer des esprits méticuleux est
désastreuse pour l'Europe à qui notre absence
fait faute dans ses divisions, préjudiciable à l'ex-
tension de nos intérêts commerciaux et insup-
portable à l'honneur national. Point de guerre,
s'il est possible! mais une paix éternelle qui

ressemble à la peur, une paix sans gloire et sans fécondité est une plaie qui ronge.

Résumons-nous.

Si le pouvoir n'aborde pas, soit à l'extérieur, soit à l'intérieur, une carrière d'activité courageuse et prudente, nous verrons se perpétuer dans la Chambre d'interminables controverses sur les théories gouvernementales; ces discussions, tôt ou tard, finiront par miner l'ordre établi, et si peu que des embarras étrangers compliquent la situation, si peu que les misères populaires suscitent de troubles civils, le repos de la France sera compromis par les agitations de la république et de la légitimité. Arrière ces amis de l'ordre qui voient l'ordre seulement dans l'immobilité et ne songent qu'à éterniser le présent! Rien ne se conserve que ce qui se renouvelle, et la ruine attend tout ce qui se refuse aux évolutions de changements successifs. Arrière ces amis de la liberté qui croient avoir fait merveille pour l'avoir coiffée, au lieu de son bonnet sanglant, du bonnet carré de l'avocat! Rien ne satisfait à la liberté populaire que ce qui répond aux intérêts des masses. En vérité, si le peuple, qu'ils s'amusent à nommer souverain, les pesait dans ses balances, nous doutons que ces amis de la liberté légale et stérile l'em-

portassent sur les amis de l'ordre légal et stérile;
M. Odilon-Barrot et M. Fulchiron se feraient
équilibre. Que le Gouvernement marche s'il
veut rester debout; s'il demeurait immobile il
aurait tout à redouter. Nous avons vu tomber
Napoléon, parce qu'il nous précipitait dans des
guerres sans fin; et parce qu'il nous ramenait
forcément à la royauté absolue, nous avons
vu Charles X tomber! Eh bien! à l'heure présente, au sein de la paix, au sein même de l'ob-
servation fidèle des lois, un Gouvernement
pourrait encourir une déchéance uniquement
parce qu'il ne gouvernerait pas; son inertie équi-
vaudrait à une abdication, et l'autorité serait
encore une fois mise au concours de toutes les
prétentions.

Tout le monde aujourd'hui, selon des inten-
tions différentes, jette un coup d'œil en arrière,
et, prenant pour point de départ la révolution
de juillet, se dit : Voilà où nous en sommes encore! Qu'avons-nous fait? où allons-nous?
Qu'on regarde plus avant dans le passé, qu'on
remonte jusqu'à la prise de la Bastille au mois
de juin 1789; c'était le symbole de la conquête de
tout un avenir de félicité imprévue; et mainte-
nant que l'on considère ce que la France, durant
ces cinquante années, a usé de pouvoirs, en-

terré de constitutions, traversé d'expériences !
Lui sera-t-il enfin donné de célébrer ce jubilé
révolutionnaire par un heureux concert de la
royauté et des Chambres, entrant décidément
dans une voie suivie d'améliorations populaires,
par un de ces efforts sublimes qui épargnent à
une nation de nouveaux désordres et préparent
sa régénération?

Nous verrons.

FIN.

E. DUVERGER, IMPRIMEUR,
4, RUE DE VERNEUIL.

www.ingramcontent.com/pod-product-compliance
Lightning Source LLC
LaVergne TN
LVHW020502060726
842525LV00005B/1872